ESSENZEN

Michael Stoll

ESSENZEN

Dichtungen von

Michael Stoll

Bibliografische Information der Deutschen Nationalbibliothek:
Die Deutsche Nationalbibliothek verzeichnet diese Publikation in der Deutschen Nationalbibliografie; detaillierte bibliografische Daten sind im Internet über http://dnb.d-nb.de abrufbar.

Verlagslabel: Mergatverlag

ISBN Softcover: 978-3-347-53328-8
ISBN Hardcover: 978-3-347-53331-8
ISBN E-Book: 978-3-347-53332-5
ISBN Großdruck: 978-3-347-53484-1

Druck und Distribution im Auftrag des Autors:
tredition GmbH, Halenreie 40-44, 22359 Hamburg, Germany

Inhalt:

Vorwort

Sie halten den 6. Jahresband der ESSENZEN in den Händen.

Überwiegend chronologisch angeordnet spiegeln sie meine dichterische Arbeit im Laufe eines Jahres wieder und sind eng mit den konkreten Kontexten verbunden in und mit denen ich lebe, ebenso und vor Allem den Meditationen, Gesprächen und Begegnungen, die sich in und mit der Arbeit des SusoHaus Überlingen und dem Lebenskloster in Worndorf ergeben und entwickelt haben.

Michael Stoll , Worndorf im Frühjahr 2022

michael.stoll@derwortraum.de

Sinn

Wurzel-ständig
gewiss
gehe den Weg

Sinn
offenbart sich

im gemeinsam
staunenden
Vermögen

Alle Herkunft, all-die-Linien meiner anekdotischen Berührungen umschreiben den Ton, der mich meint und mich sucht und mich verliert und doch wieder um wieder auftaucht, dass ich mich einschwinge, dass ich den Weg gehe. Im Kreis von FreundInnen und Offenen kann ich aus und von ihm erzählen, und die Hingabe des Hörens lässt Verwandtes aufleuchten und Bereitschaft möglich sein, dass aus solch poetisch-schwingender Rede Sinn aufleuchtet. Weiter lotvertiefend ist mir gemeinsames Schweigen und Handeln jetzt und in diesem Morgengrauen. Denn jetzt und in diesem Morgengrauen er-löst sich Offenes, nicht Vorgestelltes, lebendiges Zeugnis unseres leiblich einlösendem Verhältnis - Zwischen.

Begegnung

Da
und
Dort

das Spiel
ins Er-weiterte
Zwischen

Dir
und
Mir

Wir stehen uns gegenüber. Der Ball liegt und ruht. Der Himmel ist weit und offen. Und dann werfen wir uns in Freude das Rund im Gegenseitigen zu und tanzen und bewegen. Und aus der Stille ist es und Alles und voll-der-Bewegtheit. Da gibt es kein tieferes Atmen ohne hörbaren Ton und kein Ton ohne erhebende Klanggestalt, die uns weiter um weiter trägt. So schlägt unser Herz; wir fühlen uns In-Mitten-all-dem — was Leben heißt.

Staunen

Lebendiger
Geist
Sinn
vermittelnde
Tat.

Das Erkennen in wachsenden Kreisen. Das Fußen auf dem Grund, dem Wurzelgrund. Das Geöffnetsein gegenüber den Winden... und den Argumenten stark gegenüber, und die Ansichten drehen und wenden... Was aber bleibt ist das Zeugnis, die Liebe zum hingegeben Tätigen, leibhaftend der Gestalt Schönheit, die einjeder empfinden und manche-n zum Verweilen einlädt —- auf seiner Spur, seinem Weg, seiner Sehnsucht. Es bleibt — dein immer geöffnetes Staunen im Ewigen.

Besinnung

Über-
winden

die Enge
des Endes

im Immer-
Anfang

des still
Bewegten

Wie mit dem begriffsgelösten, dem großen Verweilen, oftmals schmerzgeplagt und verstummt — sein? D-ort, wo das Gerede beendet und nur noch der Atem und das Herz schlägt? Und dann —- wie mit der Dämmerung sein? Wie? Allein mein permanent fließendes Wandelverhältnis in und mit solcher Fraglichkeit und ihrem Nahesein scheint zu helfen, geöffnet zu bleiben. Keine Sicherheit, allein hoffendes Warten auf Klarheit, die trägt.

Leiben

Ding-los

widerstands-

geprägtes

Strömen

sein

Der Leib und seine Herzensmitte sind das Organ, um das unablässige Strömen, welches uns umgibt, in die Wahrnehmung zu tragen. Wir fühlen uns angezogen, abgestoßen, beschwingt und niedergedrückt. Unser Herz pocht stark und langsam im traumgelösten Schlaf. Und ich sage Ding und vergesse dann Alles. Und ich vermesse Temperaturen und vergesse Alles. Was fühle ich, was spüre ich, was zieht mich hierhin und dorthin? Gib keine verstellende Antwort, sondern schwinge dich ein in einen Tanz, der nie endet! Und das alte kokonhaftende Erkennen bleibt in Distanz und weit zurück, dient es auch noch über Jahrhunderte einer Lehrstufe des Menschlichen und seiner tragisch vereinseitigten Verwicklung mit der Schimäre Objekt, — so weitab vom unablässig bewegten — Leben.

Vom Schweigen

Schweigend

im LeibEigenen,

stillem SoSein

ergeben

Im Schrecken des Ungefügten, an tragender Sinnigkeit vorbei. Vor dem Tor der Allbewegtheit, das Verschlossene hart fühlen. Und das Wissen um diese Verfehlung, der Mangel an Maß und Ton und Fülle - lastet schwer auf deinem Herzen. Die wirkliche Antwort heißt Bejahung, Bejahung bis hin zu weit geöffneten Armen; und sie bereitet Gnade, ohne Furcht, im Erleben leuchtend - Ja-So-Sei-Es!

Dein Körper

Dein Körper
- geworden

Dein Leib
wird

Unverstellt dem Offenen entgegen, der leibhaftig werdende Mensch! Du gehst deinen Weg im unablässigen Schreiten; Schritt für Schritt - vom ungesichert Erhobenen hinein ins Schwerkraft-Geformte. So verwandelst Du ihn ein, den ins Unendliche sich erweiternden Horizont, hin zur allbewegten Blicks-Gestalt, die Du selbst wirst. Dein jezeitiges Sinnbild entsteht im resonanten Auswurf, Ausatmen solchen Seins; es wird entsprechend transparent und klar in und mit dem ganzen Umfeld dich umgebender Sphäre, und da voll-ends sichtbar. Dein Werden, deine Tode, deine Geburten — einverwandelnd angstlos, unablässig sich zeigend im wechselnden Lieben und verbundenem Verstehen, unter strahlend allbewegter Sonne des Einen.

Hingabe

Was immer
der Wille
will

Was immer
der Atem
atmet

Was immer
deinen Sprung ins Nichtwissen
trägt;

Du – Da - Dort
voll-der-Andacht
still berührst,

so aus seinem Zauber –
Erstarrtheit
löst

Ja - all – das
Gegebene
in – und – mit - Dir

sphärisch*
    zu singen
        zu tanzen
            beginnt;

maß – gelöst
ohn`
Ein-Schränkung

Jetzt
und
Immer.

Es war einst ein Traum, dass der Mensch Himmel und Erde gleichgewahr als Eines lebte, wie das äsende Reh oder das reißende Beutetier. In der Stille eines Natur-Seins erschaudert es mich immer wieder —- dieses reine Eins-Sein zu erleben, wie es auch beim gerade geborenen Kind erfahr-bar ist. Mit solch` einheitsvollem Sein wird der erwachte Mensch-Mystiker seinen Alltagsweg gehen, der bei jeder Handlung, jeder Geste nur Eines lebt: In und mit der Bewahrung seines Ganzen, seines verwirklichten Inne-Seins all-der-Zusammen -gehörig-keit-der-Welt, hier und da und erfüllt in Hingabe — Allem zu begegnen.

Einssein

Mein Herz
schlägt
Jetzt
Dir zu

Meine Stimme
erfüllt
den Raum
Wirksamkeit

- aus allen Horizonten -

gewiss ins
gelotet
Eine

diesen
Augen-Blicks.

Wenn ich alle Zeiten und alle Fähigkeiten und einjedes So-Sein in mir aufnähme --- besäße erregt und erregend eine Unzahl an Kräften und Bewegbarkeiten... Und würde ich den Weg gehen und abseits mein Armer und meine Arme würden ihren Himmel-Aufgang voller Flehen suchen, so wäre meine Bereitschaft den Aufgang – Himmel zu dienen das einzig Mögliche. Und die Gedankenschwärme lies ich vorbeiziehen und damit die Möglichkeit aus einem dies-oder-das-aus-zu-wählen... denn ich wüsste – alles würde klanglos untergehen, was nicht im Morgenstrahl ewiger Jetzt-Gültigkeit sich eben-nun-da ent-zündete.

Härten

Härten
schwingen

aus — der

Regenfall
ruhig

Wie wir sprechen! Wie wir unser Schweigen übertönen! Wie wir lärmen, um gehört zu werden! Und die innere, tiefste Stimme spricht: Höre — Lausche — Still... Doch der Hahn kräht um kräht, und der abfahrende Zug erkennt nicht den fortschleifenden Leib langdienenden Schaffners... Ja, - wie denn auch! Nachts ist das Gleis zu Zeiten leer, so-die Schrillheit unserer Querausstimmen verebbt. Du überquerst das Beet zu deiner Zeit.

Es zählt

Wie wird
Frieden und
Stille
in Dir

— wie die
freundliche
Umarmung
all-der-Welten

möglich?

Dort—in jenem Raum, den nur Du bewohnst; dort in der Höhe all-die-Wendungen durchlebt hast … dann wirst Du in der großen Wendung, inmitten des großen Willens des Gewollten — gelassen alldas Werdende tragen, ertragen.

Herzhaftes Befinden

Herz-haftes
Befinden -

Weilen
der
Einfalt

in Neuheit

Alles was berührt ist. Aus der Berührung die Wendung, die Vertiefung des Blicks. Da-sein, da-werden... Und der Lebensstrom – Wille verfügt der Antwort-Aufgang. Je um je, so und so... Nach dem Stimmen des Instruments — sein eröffnender Klang!

Offen

Einfältig offen
vor der Fülle
des Ganzen,
des Anderen

knien.

Ich bin arm, unendlich arm – und der Reichtum liegt vor meinen Füßen. Geh` vorsichtig, wandle im Maß! ... und mit jedem Schritt gewinnt der Aufgang einer erneuerten Welt. Hör`, wie es tönt! ... und ich bin arm und einfältig und doch nur so strömt es durch und durch meinen ganzen Leib. Mit ein – und – ausgreifender Berührung deines Leib-Wesens - Mensch wird die Einheit Welt fühlbar, sinnlich, und in ganzer Fülle erlebt. Und wenn einst und jetzt all-das gedacht-geregelte Außen zerfällt, gewinnt reinschwingendes Licht mit der Nachfahrung leiblicher Fühlung seinstragendes Ordnungsmoment durch dich und auf ewig hinzu, was ICH-Bewusstheit heißt.

InSein

Vom
In-Sein
zum
Wagnis
Leben ...

... radikal der
Öffnung
hin
zum
Anderen

Deine Einsamkeit war der Blutpfand. Deine Verlorenheit war der Durchgang. Und dein Nicht-ein-noch-aus-Wissen die Geburt deiner Nacht. Die Rede ist erloschen, wo das all-einende Du fehlt. Nach der Zeit des Schweigens erwacht das Du des Anderen in der Radikalität seines Anspruchs unendlicher Bezogenheit, die mit jedem Mal deines Aufmerkens den freudigen Apell auslöst: Du bist da und bei Mir und Dir und verfolgst nun das Leben in seiner schwingenden Spur!

Eingestimmt

Ein-

gestimmt

zu-

tiefst

in

Begründung

Ich war verengt und gefangen in den Verstellungen meiner Welt. Verborgen blieb der weite Blick, der Blick des Verstehens meinem Du gegenüber. Und mit einem Mal gehen wir den Weg und uns leuchtet der Flug des sommerflüchtigen Vogels an, wir sehen den Aufgang später Rosenblüte an diesem Morgen und streifen das rösche Herbstlaub zu unseren Füssen. Mit dem all-bedachten Tun am Beet meins Alltags, dem Zutönen im Kreis sich findender Gemeinschaft und der Zeit des Nachgewitters — kühl und klar und still erleben wir den Durchgang Offenheit von Dir zu Dir, der uns bisher verschlossen schien.

Treue

Treue
aus
tiefstem
Verstehen

Pulsierendes Band zum Nächsten, zu meinem Du. Geduldig warte ich auf das im All-Strömen zu-sehends Verbindende und er-leite gelassen all die Täler der Dürren. Ist der Strom durch Dich und Mich und fühlend im Zwischen da und wirklich, dann ist Bestand-im-Leben und zeigt schwingend die Fächer seiner Farbigkeit unentwegt. Meine Haltung Dir zu aus solchem Verstehen, aus solchen Lieben bleibt in Treu-Herzigkeit offen, geöffnet und selbst in der Dunkelheit gewinnt der Verzicht auf das Du entsprechende Wort Räumung und Feier im höchsten Erlauschen. Du bist nun All-Ein, um auszugehen auf den frühen Morgen des Gemeinsamen. Mit solch errungenem Du gewinnt das Unser seinen Brückenschlag ins Ewige.

Du bist
dein Herz

Du
bist

dein Herz
trägt
die Kraft

alle
Zeit

Das Herz wird zum Puls gebracht und schenkt sich der Bewegung. Dein Herz schlägt in Treue deines So-Sein. Jedes Empfinden, einjedes Gefühl und Fühlen und einjede versammelte Tat wird von ihm gesetzt, getragen und begleitet. So anfänglich und schließlich bist Du dein Herz, Du Leben und Du in Fülle Spendende-r! Jeder Puls zählt in Raum und Zeit und Ort und Situation — da bist Du stets, der Du bist in der Dauer deines Hiersein und ent-sprechender Farbigkeit. So wirst Du Tragender und erlösend Pulsierender im steten Maße der Dich meinenden und begegnenden Kräfte und Energien. Stärker um stärker und weiter um weiter im all-wärtig Kosmischen wird dein im offenen Schöpfer-Sein erbildet kristallines Geflecht lebendigst-resonan-ter Ordnung zur Gegenwart höchster Bezogenheit, ein-ver-wandelnd, klärend und erhebend zu-gleich.

Offenheit

In

der

Wende

Offenheit

erstirbt

Kleinl-

Ich-

es

Mein kleines selbstgezimmertes Herz! Verfügbar, handhabbar, verständlich, bemessen und in drängender Vor-Sorge. Kleines mühseliges Herz! Vorhöfe kehrend, Nichtpassendes zurückschneident und stets im Schlag eingetönter Verständlichkeit und Lust. Doch und mit deinem letzten Schlag fällst Du zurück ins NirgendWo. Ohne Eigenmotorik vertrudelst führungslos im All. Ohne deine verbissene Selbstvermessenheit geht die einst so stabil scheinende Orientierung ins Ortlose... Wo Hoffnung, wo Trost, wo Wärme - Überbrückendes, im All-ein Tragendes? Die stattlichen Höfe sind leergefegt. Den Amseln fallen die roten Winterbeeren vom Ast. Da und warten und schweigsam sein bis zum Ausbrand einjeder Willkür! Gefäß gewordenes innerstes Herz! Die äußeren Bewegungen werden zu Verinnerlichten — buchstabierend mein Phänomen - Leben; da zählt kein Überspringen mehr, sondern achtsame Wahrnahme des so einzig gegeben und vor mir Liegenden, — schließlich zu Erhebendes, hier und in diesem Moment. So beginnt alles Weitere mit deinem Summen vor dem großen Horizont.

Im Klarsten

Im
Klarsten

gestalten
den magischen
Tanz

aus
bloßem
In-Sein

Im Band der zarten Geste. Im Leichtlauf deines Atems. In der Freude reiner Gestaltung und Tanz-Bewegung ausfließender Idee! Dein wärmender Blick ist geborgen in und mit der Tiefe deines So -Sein. Stehst Du gesättigt auf, wird das Ausfließen ge-körperter Energie zur HochZeit vorliegender Gestaltung. Langsam. allmählich und ruhig mäandert die Kraft der Widerstandsfahrung entlang den Spuren der Befindlichkeit. Nun all-das-schön, all-das-geordnet und spährisch gestimmt im vorurteilsgelösten Feld Verwirklichung, jetzt und einzig und da. Verbildende Vorbilder versinken wie Abendsonnen und morgenrötlich frisch durchnachtet stehst Du auf und begibst Dich rein gelassen in Nachlässigkeit und hebst den Stein zum Bau und freudigen Spiel. So von Nichtigem zu Nichtigem klingen wir uns zu!

All dem Herzen

All

dem

Herzen

entspringende

Schönheit!

Wenn dann die Wüste dich belehrt hat. Wenn dann dein kalter Handschlag zum kräftigen Puls erstarkt ist. Und wenn Du dann Ja sagst zum großen Aufbruch und einjede Geste und Wort Dir Gültigkeit anträgt — Stimmigkeit, Gestimmtheit zwischen Dir und Mir, geeinte Form im Wechselspiel zur Anderform; Wärme und Klarheit sind ineins geworden! Dort sprich dein großes Herz, kosmisch erweitertes Herz, Dort sind die Krustenschalen alter Grenzverfügtheit zerbrochen, werden verblumt und heiter ins Neuland getragen. WeihNachtsland vor dem Morgengrauen! Dort wird der Keim Neuen Jerusalems zum Durchtragenden erkoren und gebildet, fort um fort,... Ist dort das Ersehnte, ist dort Schönheit? Geöffneter Sinn, hingegeben im stillen Kindersein des Göttlichen, sowie geprägte und prägende KönnerInnenschaft weisen den Weg, dass alles wird. Im stillen Rauschen der Engels-Gewandung und Ruhe, wo die Kristallwelt west.

Verlebendigung

Ver-
Leben-
digung von
Toterglaubtem
in erneuerter Welt

Verlust deines idyllischen Ortes, All-Hain der Stille — vom Himmel gegeben und nun genommen; da-neben hart getrennt die Furche unerbittlichen Kaltgefiebers; so und jetzt und dann die Grenzziehung, Bewusstwerdung unerlöster existentialen Situation des versammelt Ganzen, - ja, erleiden des Imblicks wirklich karsten Umlandes. Du erfährst und erleibst das sich Wandelnde, und erfährst auch Durchlichtendes, Auferstehendes zu-mit dem ganz-gesamten Bestand... Es zeugt sich allmählich der Vollzug der Gebärung ins Offene: Du gehst,– zunächst vollkommen allein - im Abgedunkelten den Weggang entlang existentialer schmerzlicher Begrenztheit. Und da und unvermutet eröffnet sich an den Ruinen abgeschlagener Grenzbäume vorbei das Neue, das Zentrale, das all die Grenzen Einbeziehende — ein Bild geburtlicher Rotunde; Ort der Sammlung und Stille, aus tiefster Fügung im GemeinSinn gerichtet, gesetzt und, vor allem — gelassen; tief-heiterer Sinn erspielt im Ernst das Wesentliche, all-die-Grenzen-in-Raum-und-Zeit-Übersteigendes, welches Du hier im stummen Grenzland erfährst! So wendest den Blick altwärts weiter, hin zur Ruine monumentaler Bauwerkerei, zum verwaisten Mahnmal an klerikaler Überhöhung und geschichtliches Zeugnis von Trennung und Opfer und all-der-machtbesetzten Grenzerei von Staat und Kirchentum... Im Laufe weiteren frei-schöpferisch-bewegten Aufstandes mäandern unsere Wege zusehends von Staunen zu Staunen und erbauen jugendlich aus dem Herz des Alten das Erneute... du gebrochen weißes Herz aus Stein fängst an zu schlagen und deine Wärmezonen erlichten Land, universell und zutiefst verbunden.

Im
Lauschen
schonlos geöffnet;
vertraut und angstbefreit
in WahrNahme und Antwort

Wenn dann da Durcheinander, Chaos, Kälte und Grenze, dann schließe ich erstere Augen-Sinne, spüre den Lauf meines Atems und werde verlässlichen Herzschlag gewahr,— hier, da und jetzt. Was er-höre ich? Warten, Gedulden, Atmen und Bleiben, wortlos, sprachlos, stumm — pendelnd bewegt einer wesentlichen Lotung zu. Keine Erwartung — ich erlebe Schicht um Schicht, Reichtum an Klang mit jeder Regung meines Fühlens, einjedem Gedanken, jedeinem Einschlag gegebenen So-Sein. Daraus entsteht die Komposition meines Lebens, empfange seinen Einsatz jetzt, und das Erheben des taktilen Ich, welches zum Träger-Ton all des Wesens geworden ist.

***Therese Olivier**, BlattMensch*

Der Mensch

Der
Mensch
der
in
einer
lebendigen
Ordnung
steht
ist
der
reichste
Mensch

Wenn dann da das Rotkehlchen dir aus der Hand das weiße Brot pickt und Du dann nicht davonfliegst, sondern unendlich bleibst und bleibst und bleibst. Wenn Du dann deine kleine Kammer geräumt hast und alles an seinem Platz sein kann und Du da sitzt bei verborgenem Licht, welches allein Dir leuchtet. Und wenn dann die starren großermächtigten Bilderfluten von Dir fallen und aus der Tiefe des Grundes es Dich anweht und jeder Gegen-Stand flüchtet, der nicht seine Aufgabe bloßes Gefäß zu sein trägt; da ist kein Zittern, kein erstarrendes Bangen — da lebst Du und bloß.

Ungebrochen

Ungebrochen
im Lauschen
Erhören
Resonieren
Tönen
Tanzen
und Springen

Bewegungen, die da entsprängen fließenden Pulsationen, die umfassend wirksam und tragend sind. Gedanken, die sich stets heiter verernsten in einlösenden Taten. Ein Sprechen und Sagen, was Antwort fände in liebend erhöhter Wiederkehr; so ein Tönen, welches sich öffnet im hellen Erklingen des Nächsten und dem Erwerb an Freude im Tun, welches ungebrochen uns auf ewig erlöst, da seine Form höchster Idee schwingend entspricht und antwortet..

Heilsbringer

Im

Schwersten

die Wende

Aufgang

Im Scherenschenkel verwaltet-blutiger Römereien und pharisäischen Gesetzesverstricktheit von Zeit und Herkunft trat Er auf. Am ungefassten Quellgrund schrie er seinen ureigenen Namen in der Nacht: Ich bin Jesus! Er handelte der schöpferischen Natur seines Wesens nach, all-des-Wesens-nach; und all die Worte, all die Formen, all die Bequemlichkeiten im bloßen Gefährt seiner Vorstellungen zu sein nützt Dir – der-Du-da-bist – nichts. Das Wüstige bleibt so stets vor Dir und der heiße Sand unter deinen Füssen und das weite brutale Meer am Felsenriff und auch deine Krankheit verschuldeten Nichtwissens bleibt unverwandt bei Dir ... Erwarte bloßes Schwinden und Gehen und Kommen... das Einzige, welches verbleibt wird Dir deine geöffneter Haltung —- wo nicht zu erwarten war... Ja —- da ist es, hier bewegt Du dich in der Liniengefasstheit, die Du allein bist, nicht mehr als ein Ton in melodiös bestimmter Bewegtheit. Mit dieser Religion wird die Schönheit das erste und das Letzte, welches Dir den seligen Abgrund rändert...

Banges Staunen

Ein-

Schwingen

in den Augen-

Blick - I -

ICH - en

Zusammenhang

Gelenkter Tot-Wille am geglätteten Blick. Schimäre Machen und Schieben und Illusionieren. Dein Zart-Gesang-Ver-nimm, Du Zart-Gesang-Vernimm?! Im Zentrum der Grenze, All-Innen-wie-Außen scheint Erlösendes, Geklärtes, Wirksames auf und Alles... was Du daraus und hier und anfänglich denkst und zur Bewusstheit hebst, ersteht zur lauteren Stufe gleichnishaften Handelns auf! Wunder über Wunder — im erkennenden Staunen geborgen. Du Liebende, Du Bewegende und Bewegte — aus dein Einem ins Eine. Die Konturen Gegen-Ständigkeit vergehen, aber das ewig pulsierend Tragende im Wechsel von Tag und Nichts — es ist mit deinem Ton, der Du bist. In der Sphäre Dämmerung hin zur Nacht verweben sich die Klärnis-Räume unserer Lieben ins Verwandte, was sie schon hier und voll-der-Freude — hoch-zeitlich erfahren.

BrotWort

Brot
aus
deiner
Hand

Brot
in
deiner
Hand

Himmel
und
Erde

Unterschätze deine Be-Gabung nicht. Glaube nicht, dass dein Tun keinen Sinn in-sich trage. In jener Zeiterlöstheit wirst Du erwachen und erkennen, dass einjede Faserbewegung deines einst geführten Willens den Tanz-des-Engels vorzeichnet, der Du nun bist. Mit der Trägheit deines Körpers in diesem großen Wunder Existenz ist Dir das Feld gegeben, in höchster Abstraktion und Konkretheit zugleich, dem allmächtigen Parkett dich hinzuzubewegen, Staune - Glaube - Liebe - Hoffe; diese Vier!

Zwischenstopp — aktueller Lage

Da
gibt
es
nur
das An
und
das Aus

Da ist
Alles
PERFEKT
oder
alles NICHTS

Da ist
das Atmen
das Zwischen
Nacht und Tag
das Pulsieren
und
das
Berührt-Sein

nicht

aber wir
sind das
Leben

Wir leben!